在基督里得自由

在基督里
得自由的步骤

以圣经为基础，
如何排解个人和属灵的争战，
成为结果累累的门徒

畅销书籍《胜过黑暗》的作者

尼尔·安德森
（NEIL T. ANDERSON）

2017版权属于尼尔·安德森（Neil T. Anderson）

2017版本之版权属于在基督里得自由国际事工

根据版权、外观设计与专利法1988（英国），尼尔·安德森拥有此作品的著作权。

2019年初版

ISBN: 978-1-913082-02-4

如非特别注明，所有经文皆采用新标点和合本圣经。

在基督里得自由的步骤

全备的福音

神按祂的形象和样式创造了亚当和夏娃，使他们有了活的身体和灵。他们的灵是活的，意思是指他们的灵已与神联合。他们依靠天父而活，负责管理天空的鸟、田野的兽和海里的鱼；他们被接纳、有安全感，也感到自己有价值。然而，他们却随从自己的意思行事，选择不顺服神、选择堕落犯罪，他们因而与神隔绝，随即感到惧怕、焦虑、沮丧以及不安。因为夏娃被撒但欺骗、亚当也犯罪，所以，他们所有的后代，虽然生来身体是活的，灵命却是死的（以弗所书2:1）。所有人都犯了罪（罗马书3:23），因此，这些与神隔绝了的人，都会经历个人和属灵的争战。撒但是悖逆权势的掌权者，它也是这个世界的神。耶稣称撒但为这个世界的王，使徒约翰说，全世界都伏在那恶者的权势之下（约翰一书5:19）。

耶稣来，是为了毁灭撒但的工作（约翰一书3:8）以及担当全人类的罪。主耶稣为我们的罪死，除去了神与按祂形象被造的人之间的拦阻。基督的复活，为信靠祂的人带来新的生命，每一个信徒重生后，灵魂再次与神联合，这就是新约圣经的介词词组在基督里或在祂里面最常用来表达的意思。使徒保罗的解说是，每一个在基督里的人，都是新造的人（哥林多后书5:17）。使徒约翰这样说：凡接待他的，就是信他名的人，他就赐他们权柄作神的儿女。（约翰福音1:12）。他又说：你看父赐给我们是何等的慈爱，使我们得称为神的儿女；我们也真是他的儿女。（约翰一书3:1）

不管你付出多少努力，也不能使自己得救；不管宗教活动的动机多纯正，也不能拯救人。我们都是凭信心得救，就是凭我们选择相信的对象而得救，所以，我们只需要将信心投放在主耶稣已完成的工作上。你们得救是本乎恩，也因着信；这并不是出于自己，乃是神所赐的；也不是出于行为，免得有人自夸。（以弗所书2:8-9）如果你从未接受耶稣做你生命的主和救主，你现在就可以做这个决定。你的想法和内心的筹算，神都知道。因此，你只需要单单信靠神就好。你可以透过下面的祷告，表明你的决定：

亲爱的天父，感谢你差遣耶稣来，为我的罪死在十字架上。我承认我的罪，也承认我不能救自己。我相信耶稣来是要赐给我生命，现在我凭信心接受你进入我的生命，成为我的主和救主。愿你在我里面的能力，使我能按你所创造的样式而活。求你赐我悔改的心，引领我认识你的真理，使我能够经历在基督里的自由，并且靠着心思意念的更新，使我得以转化。我奉耶稣宝贵的名祷告。阿们。

得救的确据

保罗写道，你若口里认耶稣为主，心里信神叫他从死里复活，就必得救（罗马书10:9）。你相信父神已经使耶稣从死里复活吗？你已经接受耶稣成为你的主和救主吗？如果你相信并且接受了耶稣，你就是神的儿女。没有什么事能使你与基督的爱隔绝（罗马书8:35）。这见证就是神赐给我们永生，这永生也是在他儿子里面。人有了神的儿子就有生命；没有神的儿子就没有生命（约翰一书5:11-12）。你的天父已经差遣圣灵，与我们的心同证我们是神的儿女（罗马书8:16）。既然信他，就受了所应许的圣灵为印记（以弗所书1:13）。圣灵要引导你们明白一切的真理（约翰福音16:13）。

排解个人和属灵的争战

既然我们都死（灵性上）在过犯罪恶中（以弗所书2:1），我们就无法经历神的同在，也无法知道祂的道路。到头来，我们都习惯了不依靠神而活。当我们在基督里成为新造的人后，我们的心思意念不会立刻改变。这就是为什么保罗写道：不要效法这个世界，只要心意更新而变化，叫你们察验何为神的善良、纯全、可喜悦的旨意。（罗马书12:2）。这也是为什么初信者总是在许多旧的思想和习惯中挣扎，因为他们已经适应了从前不依靠神而活的模式，这正是我们肉体的主要特征。我们在基督里成为新造的人后，我们会有基督的心思意念，圣灵也会引导我们进入一切的真理。

要经历在基督里的自由，要在神的恩典中成长，我们必须悔改，按字面解释，就是心思意念的改变。只要我们顺服神，抵挡魔鬼（雅各书4:7），神便会启动这个过程。《在基督里得自由的步骤》（下称《步骤》），就是要帮助你做到这一点。而个中关键就是"顺服神"，因为祂是奇妙的策士，也给予我们悔改的心，使我们能明白真理（提摩太后书2:25）。这些《步骤》涵盖了七大方面，影响着我们与神的关系。假如我们寻求虚假的引导、相信谎言、没有像自己蒙饶恕那样去饶恕别人、悖逆神、行事骄傲、不承认自己的罪、继续活在祖先传承的罪中，我们就无法经历在基督里的自由。遮掩自己罪过的，必不亨通；承认离弃罪过的，必蒙怜悯（箴言28:13）。我们既然蒙怜悯，受了这职分，就不丧胆，乃将那些暗昧可耻的事弃绝了；不行诡诈，不谬讲神的道理，只将真理表明出来，好在神面前把自己荐与各人的良心（哥林多后书4:1-2）。

尽管撒但已经被击倒，但它仍透过属下的一众邪灵管治这个世界，它们诱惑、控告、欺骗那些没有好好穿戴神所赐的属灵军装、没有凭信心站稳、没有全心全意顺服基督的人。我们在基督里的身分和地位是我们的避难所，我们靠它得着一切必需的保护，可以过得胜的生活。但是，如果我们没有负起自己的责任，给撒但留有余地，我们就要承受自己的邪恶态度和行为所带来的后果。有一大好消息：我们可以悔改，重新支取我们在基督里所拥有的一切。这就是《步骤》的目的。

得自由的进程

最理想的情况：你在进行《步骤》之前已经参加过《在基督里得自由》课程，或读过《胜过黑暗》（*Victory Over The Darkness*）和《击开捆锁》（*The Bondage Breaker*）这两本书。相关的书籍、音频和视像材料，均可以向在基督里得自由事工购买（www.ficminternational.org）。进行《步骤》的最佳方式，就是安排受过训练的鼓励者从旁指导。*Discipleship Counseling*（书名意：门训与心理咨询）这本书，也解释了有关《步骤》的圣经真理和过程，所以，你也可以选择独自进行《步骤》，只要配合每一步的讲解，单独进行也不成问题。我建议你找个安静的地方，方便你进行时出声。如果你的心思意念受到搅扰，不用管它，坚持下去即可。"这不会有用的！我才不相信这些！"像这样的想法或带亵渎、谴责、指控性质的意念，除非你相信，否则它对你毫无威力可言。这只不过是一些念头，不管是来自你自己、外界还是撒但和它的邪灵，全都是一样，你只要彻底悔改，就能把它消除。如果有鼓励者带领你进行《步骤》，你要跟他分享你在当中体验到心灵或身体上的对抗。心思意念是人的控制中心，你只要管得住自己的思想，就不会在得自由的约谈中失控。要是你的心思受到搅扰，控制思想的最佳方法就是跟别人分享，只要让谎言曝光，它的权势就会受到摧毁。

使徒保罗写道，"连撒但也装作光明的天使"（哥林多后书11:14）。若有人心里出现一些意念，或听见一些声音，声称自己很友善，要跟對方做朋友，又或自称是从神而来的使者，这些现象并不罕见，它们甚至会说耶稣是主，但却不能称耶稣为它们的主。如果你对它们的来历有怀疑，便要开口求神显明，这些灵界的指导者真正的本质。除了圣灵，你不要接受任何灵体的引导。

你要记住，你是神的儿女，你已经与基督一同坐在天上（属灵的领域），这表示你有权柄和能力遵行神的旨意。使你得自由的不是这些《步骤》，而是基督，你只要相信祂并且悔改，便会逐渐经历在基督里的自由。不要担心魔鬼的搅扰，大部分人都没有这种经验。不论撒但所起的作用是大是小，对你来说没有分别，因为你与神的关系才是关键，这正是你在疏解的问题。这是一项与神和好的工作，问题一旦解决了，撒但便没有逗留的权利。然而，能够顺利完成悔改的过程，并不表示事情就此结束，这只是成长的起点。除非这些问题得以解决，否则你的成长进程便会一直受到拖延，你的基督徒生命也会停滞不前。

攻破思想的营垒

你要把进行《步骤》时所有浮现出来的错误信念和谎言，特别是关于神和你自己不相符的事情，写在另一张纸上。完成后，你要把这些被揭露出来的虚谎一一说出来：我要弃绝的谎言是（你一直所相信的）；我要宣告以下的真理（神的话语是真确的，因此，你现在选择去相信的也很真确）。如果有人指导你进行《步骤》，最好请你的鼓励者替你保留这份清单。我们透过心意的更新去经历生命的转化（罗马书12:2），加上我们很容易禁不住诱惑，便倒退到从前属肉体的模式中，因此，我极力建议你重複以下的程序：不斷弃绝谎言、选择相信真理，維期最少四十天。

预备自己

你要变得更像耶稣、成为多结果子的门徒，在这个旅程里，《步骤》扮演了重要的角色，它的目的是要为你在基督里打下更稳固的根基。在基督里建立你的身分，以及在基督里得自由花时间不多，但要迈向成熟，却没有捷径，因为更新你的思想，与神的性情一致是一生之久的历程。你竭力遵行神的旨意，愿神施恩予你，与你同在。你一旦经历到在基督里的自由，你就能帮助别人经历救恩的喜乐。

你已经准备就绪，你可以用下一页的祷告和宣告，开始进行《在基督里得自由的步骤》。

祷告

亲爱的天父，你既存在于这个房间里，也存在于我的生命里。惟有你是全知、全能、无所不在的神，我要单单敬拜你。我要宣告，你是我的依靠，因为离了你，我就不能做什么。我选择相信你的话语，它告诉我，天上地下所有的权柄，都属于已经复活了的基督，我既在基督里活着，只要顺服你，就有抵挡魔鬼的权柄。我求你以圣灵充满我，并且引导我进入一切的真理。我渴慕认识你并且遵行你的旨意，因此，我求你给我完全的保护和引导。奉主耶稣奇妙的名祷告，阿们。

宣告

我奉主耶稣基督的名和权柄，命令撒但和所有邪灵，除去它们对我的辖制，使我能够认识以及决意遵行神的旨意，不受任何约束。我既是神的儿女，已经与基督一同坐在天上，我要宣告，主耶稣的仇敌，在我面前都要一一被捆绑。神赐给我的不是胆怯的心，因此我要扔掉所有的指责、控告、亵渎与欺骗，这全都源自胆怯的心。今天，撒但和它的鬼魔不能把任何痛苦加给我，也无法阻止神的旨意实现在我的生命中，因为我已经属于主耶稣基督。

检视你的生命

在进行《步骤》之前，先来检视下列你人生中的事件，辨识有哪方面特别需要处理：

家族历史

— 父母与祖父母的宗教背景

— 从童年到高中时期的家庭生活

— 家族的生理和情绪病史

— 领养、寄养、监护人

个人历史

— 饮食习惯（狂食、厌食、强迫性暴食）

— 瘾癖（抽烟、毒品、酒精、赌博）

— 服用处方药（视乎原因）

— 睡眠模式、梦境、梦魇

— 强暴或其他性虐待、虐打、精神或情感上的虐待

— 思想生活（强迫性的、亵渎神的、指责人的想法和杂念；专注力低、幻想、自杀念头、担忧、忌恨、困惑、罪疚和羞愧）

— 在教会聚会、祷告或读经时，心思被搅扰

— 情感生活（生气、焦虑、沮丧、苦毒、惧怕）

— 灵命旅程（得救：何时、如何、得救确据）

— 其他创伤经历

步骤一
假冒相比真实

在基督里得自由的第一步，是弃绝（用说话表明要捨弃）所有你曾涉猎或参与（过去或现在）的玄学秘术、异端邪教以及假宗教的教导、活动和行为。

若有团体否认耶稣基督是主，或高举其他教导或书籍，认为它等同（或高于）圣经的权威，你都不可加入。此外，若有組織需要进行邪恶秘密的入会仪式、礼仪、起誓、订契约或訂立承诺，你也要弃绝这些活动。在神眼中，虚假的引导是严重的问题：人偏向交鬼的和行巫术的，随他们行邪淫，我要向那人变脸，把他从民中剪除（利未记20:6）。你可以用下面的祷告，寻求神的引导：

亲爱的天父，求你帮助我想起，我曾否有意无意涉足玄学秘术、异端邪教、假宗教的教导和活动等事情。求你赐给我智慧和恩典，弃绝所有假冒的灵，以及假宗教的教导和活动。奉耶稣的名祷告，阿们。

主会让你想起一些你已经忘记了的事件，甚或一些你以为只是一场游戏或闹着玩的经历。你也可能曾经被动地，又或出于好奇，看着别人参与一些假宗教的活动和行为。这个步骤的目的，是要弃绝所有神让你想起的虚假属灵经验和有关的信念。下面的"非基督教属灵经历检查表"可以引导你找出这些经验，然后你要运用检查表下面的祷文，把每一个主让你想起的活动或团体弃绝。祂向你显明的虚假属灵经验，也可能并未罗列在这张检查表内。你特别要注意，有些非基督教的宗教行为，是源于你成长的部分文化背景，务要运用祷告把它弃绝。

非基督教属灵经历检查表

请在你曾参与的选项旁打勾：

玄术 (OCCULT)
— 灵魂出窍
— 灵应牌(Ouija board)
— 碟仙
— 灵媒
　～问神
　～乩童
— "神灵"上身而发言
— 地牢与龙(Dungeons & Dragons)
— 自动书写
— 灵导(Spirit guide)
— 算命
— 千里眼／远隔透视
— 纸牌占卜
— 占卦
— 求签
— 掌纹算命
— 面相算命
— 念符咒
— 写符咒
— 护身符
— 巫术
— 魔鬼技巧
— 风水
— 占星术
— 八字
— 降头

— "神灵"医治
— 新纪元医药
— 滴血公约
— 招魂
— 性灵(Incubi & Succubi)
— 精灵教

异端 (CULT)
— 基督教科学会
— 合一会
— 科学指导教
— 本地教会
— 国际之道
— 统一教
— 神的军队
— 摩门教
— 耶和华见证人
— 神的女儿
— 普世上帝教会
— 神体一位论
— 兄弟会
— 新时代／新世纪运动
— 其他
＿＿＿＿＿＿＿＿＿

其他宗教 (OTHER RELIGIONS)
— 日莲正宗(Nichiron Shoshu)

— 塞巴巴教(Sai Baba)
— 哈克里斯南(Hare Krishna)
— 巴哈教
— 科学心灵教
— 印度教
— 超觉静坐
— 瑜珈
— 席尔瓦思想控制法
— 回教
— 道教
— 佛教
　～佛神（释加佛）
　～金刚四面佛
　～平安富贵佛
— 民间宗教
　～保生大帝
　～城隍爷
　～玉皇大帝（天公）
　～观音佛祖（观世音菩萨）
　　(Goddess of Mercy)
　～妈祖
　～九皇爷（九皇大帝）
　～土地公，土地婆
　～财神爷（财帛星君）
　～关公
　～阎罗王
　～天后圣母
　～齐天大圣（孙悟空）
— 其他
＿＿＿＿＿＿＿＿＿

与灵界接触之项目：

A. 你曾否拜过其他的神、人物和物件

日莲正宗	二郎神	七姐	地藏王	地主	十八罗汉	天地	红花仙子
厕所姑	行神	三山国王	月佬娘娘	折金银衣纸	神功戏	元始天尊	紫姑
孟兰胜会	黄大仙	车公	后土	密宗喇嘛	彭祖	印度神	石头
八仙	城隍	候王	颜真卿	五阳城	注生娘娘	九娘(九姐)	拿督公
广泽尊王	三茅真君	开潭圣王	太上老君	华光	天道五教	日本教	地母娘娘
大圣	妈阁庙	孤魂野鬼	麻姑	祖先	荷花仙子	哪吒	鲁班
四大天王	门神	灶君	玉霞仙子	五岳	黄老仙师	红孩儿	花神
文昌君	黄帝	吴道子	千手佛	孔子	岳飞	海皇爷	反清复明战士
文昌帝君	天师	巧圣先师	潮洲祖师公	华陀	虎，牛，蛇神	其他：_____	

B. 你曾否参与过和接触以下的活动？

1. 过契任何神灵？ □ 有 □ 没有
2. 占卜——用其他力量得知未来： □ 看通书 □ 看生肖 □ 鬼谷子 □ 其他：_____
3. 观兆： □ 用三世书 □ 称骨 □ 用扑克牌算命 □ 其他：_____
4. 用法术，行邪术——借灵界力量得医治和吉利： □ 灵水，符 □ 跨火盆 □ 带玉观音 □ 带佛金链
   □ 用溪钱 □ 用柚叶洗澡 □ 饮香炉灰 □ 神油 □ 带符 □ 插竹仔求财 □ 用陪葬物
   □ 其他：_____
5. 交鬼和遇阳——与死人沟通过： □ 笔仙 □ 打小人 □ 养鬼仔 □ 银仙 □ 问米 □ 其他：_____
6. 用迷术，行邪术： □ 打坐 □ 马来神医 □ 茅山法术 □ 爱情降 □ 气功 □ 马来巫术
   □ 其他：_____

检查完毕后，你要跟随下面的祷文大声祷告，承认并且弃绝你曾涉足的每一项假宗教活动、信仰、仪式、誓言或契约。不要着急，要做得彻底，要给神足够的时间，若有需要，祂会提醒你某些具体的事件或仪式。

> 亲爱的天父，我承认我曾经参与_____（明确地说出以上每一项你勾选的信仰和活动名称），我宣告把这些假冒的宗教经验全部弃绝。求你以圣灵充满我，使我得着你的引导。感谢你，因为我已经在基督里蒙赦免，阿们。

以下的问题有助你察觉到虚假的宗教经验：

接下来，思想以下的几个问题，然后在粗体字的部分，宣告弃绝神让你在其间想起的事件。

1. 过去或现在，你曾否有想像出来的朋友、指导灵或"天使"？它们要引导你或想跟你交朋友。如果你知道它的名字，你要指出它的名字并且把它弃绝。**我弃绝……**

2. 你是否见过或联系过你认为是存在于另一个世界的外来物体？我们需要辨识以及弃绝这类谎言。**我弃绝……**

3. 你的脑海曾否听到一些声音，又或重复出现一些挑剔你的意念（例如：我真笨、我丑死了、没有人爱我、我什么事都做不好），就像有人在你的脑海里對話一样？**我弃绝一切欺哄的灵，以及我曾相信的谎言（具体地写下谎言）……**

4. 你曾否被催眠、参加新纪元运动的活动、求问灵媒、通灵人士或招魂师？你要弃绝他们所提供一切的假预言和引导。我弃绝……

5. 你曾否跟神以外的任何组织或任何人，立了秘密的契约或誓言，又或违反圣经的教导在内心起誓（例如说，"我决不……"）？你要弃绝它。我弃绝……

6. 你曾否参加撒但教的仪式，或高举撒但的音乐会？参阅附录A，以更彻底的方式把它弃绝。我弃绝……

7. 你曾否向任何偶像、假神或灵体献祭？要把这些東西一一弃绝。我弃绝……

8. 你曾否参加一些假宗教的活动，或进入非基督教的寺庙，那裏的人要求你遵守他们的宗教规条，像洗手或脱鞋等？你要承认曾经参与假宗教的敬拜，然后把你的参与尽都弃绝。我承认……并且弃绝……

9. 你曾否为了控制灵界，而请萨满或巫师施咒术、寻求通灵治疗或引导？这一切活动都要弃绝。我弃绝……

10. 你是否曾经尝试联系死去的人，以便给他们传递或者接收信息？你要弃绝这些行为。我弃绝……

步骤二
谎言相比真理

基督徒的生命是凭信心根据神说的真理而活。耶稣就是真理，圣灵就是真理的灵，神的道就是真理，我们要用爱心说出真理（见约翰福音14:6；16:13；17:17；以弗所书4:15）。按照圣经的教导，我们要相信真理，不管我们感觉它真实与否。基督徒要摒弃所有谎言、欺骗、言过其实，以及一切涉及弄虚造假的事。相信谎言必使我们持续受捆绑，选择相信真理，则叫我们得自由（约翰福音8:32）。大卫写道，凡心里没有诡诈……这人是有福的！（诗篇32:2）得释放的基督徒，能够毫无约束地行在光明中，并且能够以爱心说出真理。

我们可以诚实、坦白地来到神面前，因为我们已经蒙神赦免，况且神早已知道我们内心的想法和意图（希伯来书4:13）。所以，为什么我们不对神坦白承认自己的罪呢？认罪意味着我们认同神、与神和好。在捆绑中的人，已经厌倦了虚伪的面具；因着神的大爱和宽恕，我们得以行在光明中，并且与神与人彼此相交（见约翰一书1:7-9）。请大声说出下面的祷告，从今以后委身于真理。不要让任何抗拒的思想，例如"这是在浪费时间"，或"我希望我能相信，但我做不到"等想法阻止你继续前行，只要你信靠神，祂必会赐你力量。

亲爱的天父，你就是真理，我渴望能凭信心，按照你的真理而活。

真理必使我得自由，但说谎之人的父，以及堕落世界的学说和哲理，却以种种方法欺骗我，就连我也欺骗了自己。我选择行在光明中，因为我知道你爱我，并且接纳那真实的我。恳请真理的圣灵引导我进入一切真理，让我知道有哪些地方受到蒙骗。神啊，求你鉴察我，知道我的心思，试炼我，知道我的意念，看在我里面有什么恶行没有，引导我走永生的道路。（诗篇139:23-24）求你保护我，使我不被蒙骗。奉耶稣的名祷告，阿们。

请以祷告的心，思想接下来三道题目所列出的内容，然后，运用每道题目后的祷告，为你所相信的谎言，或错误的自我防卫方式认罪。虽然你的心思意念不可能立刻焕然一新，但是，你若对自己的思想营垒或自我防卫机制（又称属肉体的模式）一无所知，你永远无法展开这个心意更新的过程。

世界如何欺骗你

— 相信拥有大量金钱与财富，就能带给我幸福。（马太福音13:22；提摩太前书6:10）

— 相信进食、饮酒、磕药能舒缓我的压力，并让我快乐。（箴言23:19-21）

— 相信吸引人的外表、假装的个性，或精心塑造的形象，可以使我被接纳并更有价值。
  （箴言31:10；彼得前书3:3-4）

— 相信满足性欲能带来持久的满足感，不会有任何负面后果。（以弗所书4:22；彼得前书2:11）

— 相信犯罪也不会带来任何负面后果。（希伯来书3:12-13）

— 认为信耶稣不能满足我的需要，给我接纳、安全感和价值，我要透过其他东西才能得到满
  足。（哥林多后书11:2-4；13-15）

— 相信我可以任意而为，不必顾及他人，仍然可以不受约束。
  （箴言16:18；俄巴底亚书3；彼得前书5:5）

— 相信拒绝接受主耶稣的人仍然可以进入天堂。（哥林多前书6:9-11）

— 相信即使结交损友，我也不会变坏。（哥林多前书15:33-34）

— 相信我阅读、观看或聆听任何内容，都不能使我堕落跌倒。（箴言4:23-27；马太福音5:28）

— 相信我在地上不用为所犯的罪承担任何后果。（加拉太书6:7-8）

— 相信必须得到某些人的认可才会快乐。（加拉太书1:10）

— 相信为了得到神的接纳，我必须符合某些宗教规范。（加拉太书3:2-3；5:1）

— 相信有很多途径能让人找到神，耶稣只是其中之一。（约翰福音14:6）

— 相信我必须达到世俗的标准，才能对自己有良好的感觉。（彼得前书2:1-12）

亲爱的天父，我承认我曾经被欺骗，因我_____（说出你以上的选项）。感谢你
赦免我的罪，我选择相信你的话语，并且相信主耶稣，祂就是真理。奉耶稣的名祷告。
阿们。

你如何欺骗自己

— 听道却不行道。（雅各书1:22）

— 说自己无罪。（约翰一书1:8）

— 自以为有什么了不起，或自以为是重要人物。（加拉太书6:3）

— 自以为在这世代里是有智慧的人。（哥林多前书3:18-19）

— 自以为虔诚，却不约束自己的舌头（雅各书1:26）

— 认为神是我苦难的源头（耶利米哀歌3:1-24）

— 认为我不需要别人的帮助，也可以过得胜的生活（哥林多前书12:14-20）

亲爱的天父，我承认我欺骗了自己，因我_____（说出你以上的选项）。感谢你赦
免我的罪。我要专心致志单单相信你的真理。奉耶稣的名祷告。阿们。

错误的自我防卫方式

— 否认现实（有意或无意地）

— 幻想（借白日梦、电视、电影、音乐、电脑或电子游戏、药物或酒精等逃避现实）

— 情感隔离（从人群中抽离或与人保持距离，以免被人拒绝）

— 倒退（退到困难较少、较安全的时期）

— 转移怒气（把挫败发泄在无辜的人身上）

— 投射（把你不能接受的自身问题归咎于他人）

— 合理化（为自己的恶劣行为找借口）

— 撒谎（用谎言保护自己）

— 伪善（以虚假的形象示人）

亲爱的天父，我承认我曾经错误地以_____（说出你以上的选项）来自我防卫。感谢你赦免我的罪。我相信你会护卫我、保护我。奉耶稣的名祷告。阿们。

我们为了避免遭受痛苦和拒绝，采用了错误的方式保护自己，往往已经深深地积存在我们的生命里，所以你需要接受更多的训练或辅导，学习如何让耶稣成为你的岩石、山寨、救主和避难所（见诗篇18:1-2）。你愈认识神的慈爱、大能和保护，你就愈能信靠祂。你愈明白神如何无条件地爱你、接纳你，你就愈能得释放，在神和人面前敞开心扉，坦诚相对并且承认你的软弱（用合宜的方式）。

新纪元运动扭曲了信心的观念，教导人信则有，不信则无，这是错误的观点。我们无法用自己的心思意念创造现实，只有神能做到。我们的责任是面对现实，并且选择相信，神的话是千真万确的。因此，真正合乎圣经的信心，是选择相信真理，并按照真理而行，皆因神说它是真确的，祂本身就是真理。信心使你决定要做某件事，而非令你感觉想做某件事。相信一件事，不会使它成为事实；它本来得是事实，我们才会选择去相信！要定断真理，并不是基于我们相信与否。

每个人都是凭信心而活，基督徒的信心与非基督徒的信心惟一的差别，在于双方信靠的对象。如果我们信靠的对象并不可靠不真实，无论我们的信心有多大，都无法改变这事实。这就是为什么我们的信心必须建立在稳固的盘石上，它就是神完全的、永不改变的本质和祂道中的真理。

两千年来，基督徒已经知道为宣告真理而公开发声的重要性。你要大声读出下面的真理宣言，仔细思考你所宣告的内容。你会发现，每天这样大声读出这些宣告，维持最少六周，有助更新你的心思意念，使它变得更合乎真理。

真理的宣告

1. 我承认只有一位又真又活的神，就是三位一体的圣父、圣子、圣灵。祂配得一切的尊贵、颂赞和荣耀，因为万有都是靠祂而造，也是靠祂而立。（见出埃及记20:2-3；歌罗西书1:16-17）

2. 我承认耶稣基督是弥赛亚，道成肉身住在我们中间。我相信祂来是要除灭魔鬼的作为，并且将一切执政掌权者的权势废除，把它们公开示众，仗着十字架夸胜。（见约翰福音1:1、14；歌罗西书2:15；约翰一书3:8）

3. 我相信神已经显明了祂对我的爱，因为当我还作罪人时，基督已经为我死。我相信祂已救我脱离黑暗的权势，把我迁到祂的国度；我在祂里面得蒙救赎，过犯也得赦免。（见罗马书5:8；歌罗西书1:13-14）

4. 现在我相信我已是神的儿女，与基督一同坐在天上。我相信我得救是本乎恩，也因着信，这是神所赐的，不是出于我的任何行为。（见以弗所书2:6、8、9；约翰一书3:1-3）

5. 我选择依靠主，依赖祂的大能大力作刚强的人。我不依靠肉体，因为争战的兵器不是属血气的，乃是在神面前有能力，可以攻破坚固的营垒。我穿戴神所赐的全副军装，决意凭着信心站稳，抵挡那恶者。（见哥林多后书10:4；以弗所书6:10-20；腓立比书3:3）

6. 我相信离了基督，我什么都不能做，因此我宣告我要全然依靠祂。我选择住在基督里，使我能多结果子，叫我父得荣耀。我向撒但宣告，耶稣是我的主，我弃绝所有撒但在我生命中假冒的恩惠或工作。（见约翰福音15:5、8；哥林多前书12:3）

7. 我相信真理必叫我得自由，耶稣就是真理。只要耶稣释放我，我就真正得自由。我知道，与神与人真正彼此相交的惟一途径，就是要行在光明中。因此，我将所有的心意夺回，使它都顺服基督，以抵挡撒但一切的欺骗。我宣告圣经才是真理和生命的惟一权威标准。（见约翰福音8:32，36；14:6；哥林多后书10:5；提摩太后书3:15-17；约翰一书1:3-7）

8. 我选择把身体献给神，作为圣洁的活祭；将我的身体献上，作为义的器具。我选择以神活泼的话语更新我的心思意念，使我可以分辨神的旨意，辨明哪些是美好、讨神喜悦以及完全的事。我要脱去旧人与旧人的恶行，穿上新人。我宣告在基督里，我是新造的人。（见罗马书6:13，12:1-2；哥林多后书5:17；歌罗西书3:9-10）

9. 我凭信心选择被圣灵充满，使我得着引导，明白一切的真理。我选择顺着圣灵而行，使我不放纵肉体的情欲。（见约翰福音16:13；加拉太书5:16；以弗所书5:18）

10. 我弃绝所有自私的目标，并选择以爱为终极目标。我选择遵行两条最大的诫命：尽心、尽性、尽意、尽力爱主我的神，并要爱人如己。（见马太福音22:37-39；提摩太前书1:5）

11. 我相信主耶稣拥有天上地下所有的权柄，祂也是一切执政掌权者的元首，在祂里面我是完全的。我相信，在基督里撒但和它的鬼魔都服在我以下，因为我是基督的肢体。因此，我遵命顺服神并抵挡魔鬼，我奉主耶稣基督的名，吩咐撒但离开我。（见马太福音28:18；以弗所书1:9-23；歌罗西书2:10；雅各书4:7）

步骤三
苦毒相比饶恕

我们领受的召命：要心存天父的慈悲怜悯（路加福音6:36），也要饶恕人，正如我们也得了神的饶恕（以弗所书4:31）。这样做可以释放我们，摆脱过去的枷锁，不容撒但有机可乘（哥林多后书2:10-11）。用下面的祷文大声祷告，求神让你想起你需要饶恕的人。

亲爱的天父，感谢你以丰富的恩慈、宽容和忍耐待我，我知道你的恩慈是要引领我悔改。我承认，我对待那些伤害或冒犯我的人，不像你那么仁慈和忍耐（罗马书2:4），反而对他们心存愤怒、苦毒和怨恨。
求你让我想起所有我需要饶恕的人，使我能够宽恕他们。奉耶稣的名祷告。阿们。

把你想起的人名，写在一张纸上。这时候，先不要质疑你是否需要饶恕他们。我们对自己也常常心生不满，为过去做错的事惩罚自己。如果你需要饶恕自己，便在名单的最后写下"我自己"。你肯饶恕自己，表明你接受了这真理——神在基督里已经饶恕了你。既然神也饶恕你，你就能饶恕自己！

然后，在这份名单的最后写下"对神的不满"。神从来不会做错任何事，所以，祂并不需要我们饶恕祂，但是我们需要抛开对天父的失望。人们常常会因为神没有按照他们的意愿行事而生神的气，我们需要释放这种怒气和怨恨。

写好了你有待饶恕的名单后，在开始饶恕他们之前，不妨先来复习饶恕的意义，它所指的到底是什么，以及不是什么，凡用粗体字标示的都是重点。

饶恕不是忘记。有些人想忘记由别人所造成的伤害，却每每发现他们根本办不到。神说祂不再记念我们的过犯，这句话的意思是，祂不会因着过去的事对付我们。忘记是你不断饶恕别人，过了很长时间所带来的结果，忘记并不是饶恕的途径。你要快快饶恕伤害你的人，不要拖延，不要期望痛苦会不了了之。一旦你选择饶恕人，基督就会医治你的伤痛。惟有我们先选择饶恕，我们才能得医治。

饶恕是一种选择，是一个凭意志做的决定。饶恕人既然是神对你的要求，所以你可以办得到。有些人不愿意放下怒气，因为他们想保护自己，避免以后再受伤害。然而他们这样做，只会令自己受损。有些人想要报复，但圣经教导我们，伸冤在我，我必报应（罗马书12:19）。就让神对付这个人，你就放过他／她吧。如果你仍然不愿意饶恕人，你仍然跟他纠缠不清，仍然带着过去的枷锁，受你的苦毒所束缚。你凭借着饶恕放过那个人，他依旧会在神的辖管之下。你必须相信神会公平、公正地处置他，这是你办不到的事情。

"可是你不知道这人伤害我有多深！"没有人能够真正了解另一个人的伤痛，但是主耶稣知道，因此祂教导我们饶恕人，也是为了我们的好处。除非你放下对某人的苦毒、怨恨，否则，他仍会继续伤害你。没有人能修补你的过去，但是你可以从过去得释放。饶恕的好处是帮助你摆脱过去，以及那些曾经伤害你的人。饶恕使被掳的得释放，你会从中觉悟，我们正是被掳的人。

饶恕是甘愿忍受他人犯罪造成的后果。所有步都在忍受某些人犯罪的后果，惟一的选择是，我们要在苦毒的捆绑中，还是在饶恕的自由里忍受这些后果。可是这样公平吗？十字架使饶恕成了一件合乎律法而又道德正确的事。因为耶稣曾一次过为所有人的罪死，所以我们要像基督饶恕我们那样饶恕人，祂的饶恕见于祂承担了我们犯罪的后果。神使那无罪的，替我们成为罪，好叫我们在他里面成为神的义（哥林多后书5:21）。不要等别人来求你饶恕，要谨记，耶稣没有等钉祂十字架的人道歉才饶恕他们。甚至在他们嘲笑、讥讽祂时，祂还向父神祷告说：父啊！赦免他们；因为他们所做的，他们不晓得（路加福音23:34）。

饶恕要发自内心。容让神使伤痛的经历浮现，然后你要承认，对于伤害你的人，你有何感受。如果你的饶恕没有触及生命里的情感核心，它只是不完全的饶恕而已。我们常常因为害怕面对伤痛，把我们的情绪埋藏在内心深处。让神把你的情绪浮现，这样，祂便可以医治你伤痛的情感。

饶恕是选择不再向别人问罪。心里怀恨的人总爱向伤害过自己的人，重提对方以往的过错，这是常有的事。他们想令对方跟自己一样不好过！然而，我们必须抛开往事，并且坚决不报复。这并不是要你容忍对方继续冒犯或伤害你，神绝不容忍罪，你也不应容忍，所以你要根据圣经的标准设立界线，终止这些侵害。你要不断宽容饶恕伤害你的人，同时要谨守对抗罪恶的立场。如果你需要有人协助你设立合乎圣经的界线，保护你不再受侵害，你可以找一位值得信任的朋友、辅导员或门训导师商量。

饶恕不能等到想做才做。你永远不会想饶恕别人，所以，纵使你多么不想饶恕人，还是要做这个艰难的抉择。一旦你选择了饶恕人，撒但就再也无法捆绑你，神也会医治你情感的伤痛。

要展开饶恕的过程，先从你名单上的第一个人入手，你想到的每一个痛苦回忆，选择饶恕他／她，直到你确定，所有你记得的痛苦都处理好了，才转到名单里的下一位，如此类推，对名单里最后一个人，也进行同样的过程。

当你开始饶恕别人时，神可能会让你想起一些你早已忘得一干二净的痛苦回忆，纵使这会让你心如刀割，只管放手交给神。神让这些痛苦的记忆浮现，为的是让你面对它，然后释放你的痛楚，叫你从此一劳永逸。你不要为任何伤害了你的行为找借口，即使罪魁祸首是非常亲近的人。

不要说："神啊！求你帮助我饶恕他。"祂早就帮助你了，整个过程祂一直与你同在。也不要说："神啊！我想饶恕他。"我们会因而避开做那个艰难的抉择，但这是饶恕少不得的过程。你要说："神啊，我选择饶恕这些人，以及他们对我的伤害。"

为你列出的每一个人，以及神让你想起有关他们的每一个痛苦回忆，做下面的祷告：

> **亲爱的天父，我选择饶恕_____（说出名字），有关他／她_____（他们亏负你的事），让我感到_____（说出你的痛苦感受，例如被拒绝、肮脏、一文不值或比不上别人）**

当你为每个痛苦的记忆饶恕了别人之后，请做下面的祷告：

> **主耶稣，我选择不再心怀苦毒。我放弃报复的权利，求你医治我的伤痛。**
> **感谢你使我脱离苦毒的辖制，释放我得自由。现在求你祝福那些曾经伤害我的人。奉耶稣的名祷告。阿们。**

注意事项：当你进行这一步时，神可能会让你想起一些人，你曾经有意或无意地伤害过他们。参阅附录B（恳求他人的饶恕）。

选择相信关于天父的真理

在我们相信基督之前，我们的心思会产生一些意念，妨碍我们正确地认识神（哥林多后书10:3-5）。例如我们对地上父亲的看法，往往扭曲了对天父的观念，即使成了基督徒，也可能会对神心怀怨恨，这有碍我们与神同行。我们应该对神怀有合宜的敬畏之心（因着祂的神圣、能力和同在而战兢），但我们不用怕祂会惩罚我们。罗马书8:15写道：你们所受的，不是奴仆的心，仍旧害怕；所受的，乃是儿子的心，因此我们呼叫："阿爸！父！"大声读出下列有关天父的真理，以此更新你的心思意念：

我弃绝的谎言是：父神，你既遥不可及，也不关心我。
我选择相信的真理是：父神，你一直与我同在；你对我的人生早有计划，使我对未来有盼望；而且你已经为我预备了特定的工作。
（诗篇139:1-18；马太福音28:20；耶利米书29:11；以弗所书2:10）

我弃绝的谎言是：父神，你漠视我、不认识我，也不喜欢我。
我选择相信的真理是：父神，你对我既仁慈又怜恤，也深知我的一切。
（诗篇103:8-14；约翰一书3:1-3；希伯来书4:12-13）

我弃绝的谎言是：父神，你对我严苛，把不设实际的期望加在我身上。
我选择相信的真理是：父神，你接纳我，并且乐意支持我。（罗马书5:8-11；15:17）

我弃绝的谎言是：父神，你对我既被动又冷漠。
我选择相信的真理是：父神，你对我既温暖又慈爱。（以赛亚书40:11；何西阿书11:3-4）

我弃绝的谎言是：父神，你总是不在我身旁，又或太忙碌，无暇理会我。
我选择相信的真理是：父神，你一直在我身旁，也渴望与我同在，使我完全按照你造我的样子做人。（腓立比书1:6，希伯来书13:5）

我弃绝的谎言是：父神，你对我不耐烦、生我的气，又或排斥我。
我选择相信的真理是：父神，你对我有耐心，不轻易发怒；你管教我也是因为你爱我，而不是要排斥我。（出埃及记34:6；罗马书2:4；希伯来书12:5-11）

我弃绝的谎言是：父神，你对我刻薄又残酷，喜欢折磨我。
我选择相信的真理是：撒但才对我刻薄残酷、它喜欢折磨我；父神你却待我既慈爱又温柔，一直在保护我。（诗篇18:2；马太福音11:28-30；以弗所书6:10-18）

我弃绝的谎言是：父神，你不会让我的人生有乐趣。
我选择相信的真理是：父神，你是创造生命的主，只要我选择被你的灵充满，你就引领我得着爱、喜乐和平安。（耶利米哀歌3:22-23；加拉太书5:22-24）

我弃绝的谎言是：父神，你想要控制我、操纵我。
我选择相信的真理是：父神，你释放我、赋予我自由做选择，并且不受约束，在你的恩典成长。（加拉太书5:1；希伯来书4:15-16）

我弃绝的谎言是：父神，你已经定了我的罪，也不再饶恕我。
我选择相信的真理是：父神，你已经赦免了我一切的罪，你不会再因我的过犯对付我。
（耶利米书31:31-34；罗马书8:1）

我弃绝的谎言是：如果我的生命无法变得完美、远离罪恶，父神你就会排斥我。
我选择相信的真理是：父神，你包容我，我若犯罪，你必洁净我。
（箴言24:16；约翰一书1:7-2:2）

我是你眼中的瞳仁！（申命记32:9-10）

步骤四
悖逆相比顺服

我们生活在一个悖逆的世代，许多人都爱评论管治他们的当权者，他们只会因着从中得到便利，或害怕犯法被捕而顺服权柄。圣经教导我们，要为在上的执政掌权者祷告（提摩太前书2:1-2），并且要顺服政府官员（罗马书13:1-7）。悖逆神以及神设立的领袖，会削弱我们的灵命。神允许我们不服从地上的领袖，不过惟一的理由是：地上的领袖要求我们做的事违反道德，又或他们想做越权的事。用下面的祷告，祈求得着顺服的灵和仆人的心：

亲爱的天父，你说过悖逆的罪与行邪术的罪相等，顽梗的罪和拜偶像相同（撒母耳记上15:23）。我知道我经常不顺服你，反而内心悖逆，我的态度和行动曾经对抗你，以及你所安排有权柄管辖我的人。求你向我显明所有悖逆的事情，我选择从此要拥有顺服的灵和仆人的心。

奉耶稣的名祷告。阿们。

我们身边的领袖不尽完美，然而我们相信，神会使用他们在我们的生命中动工，这是信心的行动，也是神对我们的要求。如果那些在位的领袖或当权者滥用职权，违反原本用来保障无辜人民的法律，你需要向更高的权柄求助。很多政府均要求人民向政府机关举报某类型的滥权个案，如果你正陷于这种处境，我们鼓励你赶快求助。但是，不要因为你不想遵行在上者的吩咐，便认为他们有违神的话语。神设立特定的权力架构是要保护我们，也要维持社会秩序。我们尊重的是拥有职权的位置，如果没有管治的职权，每个社会都会混乱不堪。根据下面列出的权柄，求神逐一向你显明，你曾经有哪些悖逆的具体表现，使用接下来的祷告，为神让你想起的悖逆事件认罪：

— 政府。（包括交通规则、税务条例、对政府官员的态度［罗马书13:1-7；提摩太前书2:1-4；彼得前书2:13-17］）

— 父母、继父母、合法监护人。（以弗所书6:1—3）

— 老师、教练、学校教职员。（罗马书13:1-4）

— 雇主。（前任和现任。彼得前书2:18-23）

— 丈夫（彼得前书3:1-4）或妻子。（以弗所书5:21，彼得前书3:7）
　　［给丈夫的建议：求神显明你是否对妻子缺乏爱心，因为她会因而孕育出悖逆的灵。若是这样，你便要为触犯了以弗所书5:22-23认罪。］

— 教会领袖。（希伯来书13:7）

— 神。（但以理书9:5，9）

用下面的祷告，为圣灵让你想起每一件悖逆之事，具体地向神认罪：

亲爱的天父，我承认我曾经悖逆　_____（名字或者位分），我曾经_____（具体地承认你曾经做了或不做的事）。感谢你赦免了我的罪，我选择顺服并遵行你的话语。奉耶稣的名祷告。阿们。

步骤五
骄傲相比谦卑

骄傲的人必然跌倒，谦卑的人却蒙神赐恩（雅各书4:6；彼得前书5:1-10）。谦卑是指对神有合宜的信心，圣经教导我们不靠着肉体（腓立比书3:3），而是要倚赖他的大能大力作刚强的人（以弗所书6:10）。箴言3:5-7劝勉我们要专心依赖耶和华，不可依靠自己的聪明。先用下面的祷告寻求神的引导：

亲爱的天父，你曾说骄傲在败坏以先，狂心在跌倒之前。我承认我只专注于自己的需要和渴求，不去理会别人。很多时我没有舍己，也没有天天背起自己的十字架跟从你。我常常依靠自己的能力和资源，没有在你里面安息。我将我的意愿置于你的旨意之上，又以自己为生命的中心，取代了你的位置。我承认我骄傲又自私，我为此认罪悔改，求你使我胜过这些属肉体的模式，从而把主耶稣基督的仇敌，在我生命中盘踞的一切领域尽数消毁。我选择依靠圣灵大能的引导，使我凡事不自私自利，不贪图虚荣。我存心谦卑，选择看别人比自己重要。我承认你是我的主，也承认离了你，我不能做任何有永恒价值的事。求你监察我的心，向我显明我如何心高气傲。奉主耶稣温柔谦卑的名祷告。阿们。
（参阅箴言16:18；马太福音6:33；16:24；罗马书12:10；腓立比书2:3）

带着祷告的心逐一查看下列的事例，若神提醒你犯过什么骄傲的罪，就用接下来的祷告认罪：

— 极之渴望按照自己的心意而不是神的心意行事。
— 依赖自己的知识和经验，没有以祷告和神的话寻求神的引导。
— 依赖自己的能力和资源，没有依靠圣灵的能力。
— 着重控制别人，没有提高自制能力。
— 忙于做对自己有利的"重要"事情，没有寻求并且遵行神的旨意。
— 认为自己没有需求。
— 很难承认自己犯了错。
— 在意讨好人过于取悦神。
— 太过在乎自以为当得的功劳与奖赏。
— 认为自己比别人更谦卑、更属灵、更虔诚或更委身。
— 靠学历、名誉和地位来得到肯定。
— 常常觉得我的需要比别人的更重要。
— 基于学术、艺术、运动或其他能力和成就，认为自己比别人优秀。
— 不等候神。
— 在其他方面自视过高。

如果你的生命也出现了以上任何一种情况，你要为每一项向神认罪以及祷告：

亲爱的天父，我承认我很骄傲，我曾经_____（说出你以上的选项）。感谢你赦免我的罪。我选择在你和别人面前谦卑自己。我选择彻底依靠你，完全不靠我自己的肉体。奉耶稣的名祷告。阿们。

步骤六
捆绑相比释放

我们经常觉得自己落入"犯罪后悔改，悔改后又犯罪"这永无止境的恶性循环里，但是神应许说：神是信实的，必不叫你们受试探过于所能受的；在受试探的时候，总要给你们开一条出路，叫你们能忍受得住（哥林多前书10:13）。还有：故此，你们要顺服神。务要抵挡魔鬼，魔鬼就必离开你们逃跑了（雅各书4:7）。如果你没有选择神给你开的出路，并且犯了罪，你应该向神认罪，求祂用圣灵充满你，并且穿上神所赐的全副军装抵挡魔鬼，这样，它必定逃之夭夭（以弗所书6:10-20）。

若要脱离积习所犯的罪，实在需要一位可靠的主内弟兄姊妹的帮助。雅各书5:16说：所以你们要彼此认罪，互相代求，使你们可以得医治。义人祈祷所发的力量是大有功效的。有时候，我们只要有约翰一书1:9所说的确据就已足够：我们若认自己的罪，神是信实的，是公义的，必要赦免我们的罪，洗净我们一切的不义。

要谨记，认罪不仅是说一句"对不起"，而是要公开承认"我错了"。无论你是否需要弟兄姊妹出手相助，还是只需肩负自己的责任，在神面前行在光中，你也要这样祷告：

亲爱的天父，你已经吩咐我，要披戴主耶稣基督，不要想方设法满足肉体的私欲。我承认我曾顺从肉体的情欲，这情欲与我的灵魂争战。我感谢你，因为在基督里，我的罪已蒙赦免，但我曾经违背你神圣的律法，容让罪在我的身体发动战争。此刻我来到你面前，承认并弃绝这些属肉体的罪，使我得洁净，并且从罪的捆绑得释放。求你向我显明所有属肉体的罪，以及使圣灵担忧的事。奉主耶稣基督的圣名祷告。阿们。

（参阅罗马书6:12-13、13:14；哥林多后书4:2；雅各书4:1；彼得前书2:11、5:8）

下面列出了许多属肉体的罪，你只要带着祷告的心，读马可福音7:20-23、加拉太书5:19-21、以弗所书4:25-31以及其他经文，你可以更彻底审视自己。仔细查看下列的罪行，求圣灵向你显明你需要承认的罪，祂可能还会向你揭示其他罪。然后，为神向你显明的每一项罪，从心里发出认罪的祷告，祷告的范本写在下列属肉体的罪之后。

注意：淫乱的罪、婚姻和离婚、性别认同、堕胎、自杀倾向、完美主义、饮食失调、滥用药物、赌博、偏执等问题，将会在这个步骤稍后处理。

— 偷窃	— 咒骂人	— 欺骗、作弊
— 争吵／打架	— 漠不关心／懒惰	— 逃避责任
— 忌恨／嫉妒	— 说谎	— 贪婪／物质主义
— 埋怨／批评	— 仇恨憎恶	— 其他：
— 讽刺嘲笑	— 愤怒	_____
— 说长道短／造谣中伤	— 醉酒、酗酒	

亲爱的天父，我承认我犯了_____（列出罪名）的罪，得罪了你。感谢你赦免我的罪并且洁净我。主，从此我要转离这些罪归向你。求你以圣灵充满我，使我不依照肉体的欲望行事。奉耶稣的名祷告。阿们。

处理淫乱

我们的责任是不容罪辖制（主宰）我们的身体。为此，我们不得把我们的身体或别人的身体，用作不义的器具（见罗马书6:12-13）。淫乱的罪不仅得罪神，也冒犯了我们的身体，这身体本是圣灵的殿（哥林多前书6:8-19）。"性"是神为夫妇繁衍后代而设的途径，也让他们可以借此彼此满足。两人结婚后，丈夫和妻子便成为一体。如果我们的身体，跟配偶以外的对象发生性关系，我们也会与那人成为"一体"（哥林多前书6:16），两人之间形成一种属灵的联系，不论对方是异性还是同性，这联系也会产生属灵的捆绑。神明确禁止同性之间发生性行为，以及婚外的异性性行为，若要从行淫乱的捆绑中得释放，先要这样祷告：

> 亲爱的天父，我曾容让罪主宰我必死的身体。求你让我想起，每一次我把身体当作不义的器具，用来行淫乱的片段，帮助我弃绝这些淫乱的罪，砍断这些罪在我身上的枷锁。奉耶稣的名祷告。阿们。

随着神让你想起你用身体行淫乱的每一个片段，无论你是被迫（强暴、乱伦、性骚扰），还是自愿（色情物品、自慰、奸淫）也要做以下的祷告，把每一段经历弃绝：

> 亲爱的天父，我弃绝我与＿＿＿＿＿＿＿＿（当事人的名字）所犯的＿＿＿＿＿＿＿＿（犯淫乱的事）罪。我求你断绝我与＿＿＿＿＿＿＿＿（当事人的名字）之间在属灵、身体和情感上所有罪的结连（为每一段经历复述一遍）。奉耶稣的名祷告。阿们。

如果你使用过色情物品，要按下面的祷文祷告：

> 亲爱的天父，我承认曾经为了激起我的情欲，我看了含有性暗示的素材以及色情物品。我也曾设法满足我的性欲，因而玷污了我的身、心、灵。感谢你洗净我的不义，赦免我的罪。我用自己的身体和心思行不义的事，让我的生命与撒但连结，我要把它一一弃绝。主啊，我立志销毁所有我用来刺激情欲的物品，并且远离所有会让我犯淫乱罪的媒体。我要专心致志更新我的心思意念，只思想清洁的事。求你以圣灵充满我，使我不按肉体的情欲行事。奉耶稣的名祷告。阿们。

你完成后，要这样祷告，把你的身体献给神：

> 亲爱的天父，我弃绝用我的身体作不义的工具而行的一切事情，也承认在当中所有故意犯的罪。我选择将我的身体当作义的工具献给你，这是一个圣洁的、你喜悦的活祭。我选择保留我的身体，只会为了婚姻而把身体用于性事上。我拒绝相信撒但的谎言，它指控我因着以往的性关系，说我的身体不洁净、污秽不堪，总之绝不会蒙你悦纳。主啊！我感谢你，因为你已经洁净并赦免我，你爱我又接纳我的本相。所以从今以后，我选择接纳我自己和我的身体，在你眼中看为洁净。奉耶稣的名祷告。阿们。

特定情况下的祷告和立志

接下来的祷告，将促进你的成长过程，也能帮助你作重大的决定。这些决定不一定能完全解决你的问题，或助你彻底挽回局面，但總是很好的起步点，然后你需要继续更新你的心思意念。如有需要，你可以寻求属灵辅导，切勿犹豫，这可以带给你更多的助益。

婚姻

亲爱的天父，我选择相信你创造了男人和女人，婚姻就是由一男一女在基督里成为一体所产生的属灵连结。我相信惟有死亡、通奸，或被不信的配偶抛弃，才能断开这种连结。我选择继续持守我的婚约誓言、继续对我的配偶忠诚，直到肉身的死亡使我们分离。求你赐我恩典，使我成为符合你心意的配偶，又让我能爱以及尊重我在婚姻里的伴侣。我只会尝试改变自己，也会接纳我的配偶，如同你接纳我。求你教导我如何用爱心说诚实话，并且怜悯人，如同你怜悯我；饶恕人，如同你饶恕我。奉耶稣的名祷告。阿们。

离婚

亲爱的天父，我没有成为符合你创造原意的配偶，我为失败的婚姻深深痛悔。我选择相信你仍然爱我、接纳我。我选择相信我仍然是你的孩子，你希望我继续在你的国度里服事你、服事人。求你赐我恩典，使我可以胜过失望以及情感的伤痕，我也为我以前的配偶这样祈求。我选择饶恕他／她，也选择饶恕自己招致离婚的一切作为。求你帮助我从错误里学习，引导我，使我行事为人，不再重复从前属肉体的模式。我选择相信真理，就是在基督里我仍然是被接纳、有保障、有价值的人。求你引导我，在你的教会里建立健康的人际关系，保守我不要寻觅另一段婚姻来填补失婚之痛。我信靠你会供应我未来一切的需要，我也要委身跟随你。奉耶稣的名祷告。阿们。

性别认同

亲爱的天父，我选择相信你创造了全人类，或男或女（创世记1:27）；又吩咐我们要维持两性的差异（申命记22:5；罗马书1:24-29）。我承认我曾受到这个堕落世界的社会压力，以及受撒但的谎言影响，令我对自己和别人的生理性别存疑。我弃绝撒但所有的控告和谎言，它要我相信，我这个人并不是你创造的那个样子。我选择相信并接受我的生理性别，我祈求你医治我所受的情感創伤，使我能在心意更新中被转化。我要穿戴神所赐的全副军装（以弗所书6:13），用信心的盾牌灭绝恶者一切的试探和控告（以弗所书6:16）。我弃绝任何来自老我的各种身分和标签，我选择相信，在基督里我是新造的人。奉耶稣奇妙的名祷告。阿们。

堕胎

亲爱的天父，我承认我没有好好保护看顾你托付给我的生命，我承认我犯了罪。感谢你，因为你赦免了我，因此我也能赦免我自己。我把这孩子交托给你，直到永远，我相信他／她已得着你恩手的呵护。奉耶稣的名祷告。阿们。

自杀倾向

亲爱的天父，我弃绝所有想自杀的念头，以及任何我结束生命或伤害自己的意图。我弃绝的谎言是：生命毫无盼望，我了结自己的生命，就能得着平安和自由。撒但是个盗贼，它来无非要偷窃、杀害和毁坏。我选择继续活在基督里，祂来要赐给我生命，并且要给我丰盛的生命。

谢谢你饶恕了我，让我也可以饶恕我自己。我选择相信在基督里总有盼望，也相信我的天父爱我。奉耶稣的名祷告。阿们。

滥用药物

亲爱的天父，我承认我为了享乐、逃避现实或应对困难而滥用药物（酒精、烟草、食品、处方药、毒品）。我承认我以有害的方式摧残我的身体、荼毒我的心思，也消灭了圣灵的感动。感谢你赦免我，我弃绝任何在我生命中，因滥用食品或化学物品而形成、与撒但有关的连系或势力。我把我的忧虑交给爱我的基督，我立志不再向滥药屈服，选择让圣灵引导我，赋予我能力。奉耶稣的名祷告。阿们。

饮食失调或自残

亲爱的天父，我弃绝的谎言是：我的个人价值取决于我的外貌和表现。我弃绝以下的行为：割伤或虐待自己，包括以呕吐、吃泻药或饿肚子等方式来控制、改变我的外貌，又或想借此洁净自己的恶。我宣告惟有主耶稣基督的宝血才能洁净我的罪。我知道神已用重价买赎我，我的身体就是圣灵的殿，是属于神的。因此，我选择用我的身体来荣耀神。我要弃绝的谎言是：我是个邪恶的人，我的身体任何一部分都是邪恶的。感谢你按我在基督里的样子接纳我。奉耶稣的名祷告。阿们。

力求完美

亲爱的天父，我要弃绝的谎言是：我的价值感取决于我表现出来的能力。我要宣告的真理是：我的身分和价值感来自我是你的儿女。我不再着眼于得到别人的认可和接纳来肯定自己；我选择相信的真理是：基督已经肯定也接纳了我，因为祂已经为我死，并且为我而复活。我选择相信的真理是：我已经得救，不是因为我行事公义，而是出于你的怜悯。我选择相信我已经不在律法的咒诅之下，因为基督已经为我成了咒诅。我在基督里白白得着神施恩所赐的生命，我也选择住在祂里面。我弃绝活在律法之下，力求完美。天父，我靠着你的恩典，选择从今天起，靠着圣灵的大能，凭信心按着你所说的真理而行。奉耶稣的名祷告。阿们。

赌博

亲爱的天父，我承认自己没有好好管理我的钱财，为了追逐一个假神，我曾赌上了我的未来。我对我的衣食毫不知足，我贪爱钱财，这驱使我的行为失去理性，甚至犯罪。为了满足这种欲望，我体贴肉体，我要弃绝这样的行为。我立志远离所有赌博娱乐场所、赌博网站、赌博中介以及彩票。我选择相信我在基督里活着，我向罪是死的。求你以圣灵充满我，使我不放纵肉体的情欲。当我再被赌瘾试探时，求你为我开出路，让我能够逃避。我靠着穿戴神所赐的全副军装，以及以坚定的信心站稳，抵挡撒但一切的控告、诱惑和欺骗。我选择相信你会照你荣耀的丰富，使我一切所需用的都充足。奉耶稣的名祷告。阿们。

偏执盲从

亲爱的天父，你按照你的形象创造了全人类。我承认我曾以人的肤色、出生地、社会和经济地位、文化差异或性取向来判断人。我弃绝种族歧视、精英主义和性别歧视。我选择相信，并不分犹太人、希腊人，自主的、为奴的，或男或女，因为你们在基督耶稣里都成为一了（加拉太书3:28）。求你让我知道，我的偏执因何而起，我便可以认罪，把这污秽洗清。我承诺我的行事为人就当与蒙召的恩相称。凡事谦虚、温柔、忍耐，用爱心互相宽容，用和平彼此联络，竭力保守圣灵所赐合而为一的心（以弗所书4:1-3）。奉耶稣的名祷告。阿们。

恐惧和焦虑

参阅附录C和D，学习用一个全面的处理过程，克服已蔓延全球的恐惧和焦虑问题。

步骤七
咒诅相比祝福

圣经宣告说，恨恶神的人，他们的罪孽可以祸及三四代的子孙。但是爱神、顺服神的人，神给他们的祝福却可以流传千代（出埃及记20:4-6）。除非你们弃绝祖先的罪孽，并且支取你们在基督里的属灵产业，否则你们这一代人的罪，可以对未来的子孙造成负面的影响。真正的悔改可以终止这祸害的循环，以及所有的负面影响。你们不是因为祖先犯罪，所以被算为有罪，而是他们犯罪的结果会影响到你们。耶稣说凡学成了的，不过和老师一样（路加福音6:40）。彼得也写道，你们得救赎，可以脱去你们祖宗所传流虚妄的行为（彼得前书1:18）。求神向你显明你的祖先所犯的罪，然后用下面的祷文弃绝这些罪：

> 亲爱的天父，求你向我显明家族祖先传承下来一切的罪。因为在基督里我已是新造的人，所以，我要从犯罪的影响得释放，享受当中的自由，也要以神儿女这个新的身分行事为人。奉耶稣的名祷告。阿们。

仔细聆听圣灵向你揭示的一切，把你想起的一切事情写下来。可能神会向你揭露你的祖先拜过偶像，或曾经参与神秘宗教活动，你对这些事一无所知。还有，每个家族的问题都有家族史，例如精神病、身体的疾病、离婚、淫乱的罪、发怒、沮丧、恐惧、暴力和虐待等。

等到你再没有想起其他事情，你便可以这样祷告作结束：

> 神啊！我弃绝 ＿＿＿＿＿＿＿＿＿（说出所有神提醒你、关于家族的罪）。

我们不是被动地得着在基督里的位分，而是必须主动且刻意地选择顺服神，抵挡魔鬼，然后魔鬼就会逃离我们。请说出下面的宣告和祷告，完成这个最后的步骤。

宣告

> 我从此弃绝并且切断祖先一切的罪。我已经从黑暗的国度得释放，并且进入了神儿子的国度，我宣告我要从那些罪的祸害中得释放。我不再是"在亚当里"的人，乃是"在基督里"活着。

> 因此，我选择爱神并且顺服祂，就能得着神在我生命中所赐的福气。我是一个已经与基督同死、同复活，又与祂一同坐在天上的人，我弃绝一切撒但针对我和我的服事所做的攻击和工作。因基督死在十字架上，已为我受了咒诅，所以我身上的每一个咒诅都已被破除（加拉太书3:13）。撒但可能想尽法子要宣称我属于它，我要弃绝它的作为。我属于主耶稣基督，祂用自己的宝血买赎了我，我宣告我已经完全，永远托付并委身于主耶稣基督。因此，我要顺服神，奉祂的权柄抵挡魔鬼，并吩咐所有主耶稣基督的属灵仇敌离开我。我穿戴神所赐的全副军装，抵挡撒但的试探、控告和欺骗。从今天开始，我只会遵行我天父的旨意。

祷告

亲爱的天父，靠着主耶稣基督的宝血你买赎了我，我来到你面前，不再是罪的奴隶，而是你的儿女。你是宇宙的主，也是我生命的主。我将自己的身体当作圣洁的活祭献给你，愿我的身体和生命可以荣耀你。我恳求你现在就用圣灵充满我，我立志更新我的心思意念，使我可以分辨你对我的旨意，哪些是美好、你喜欢和完全的事。我最渴望的就是能够像你。我如此祷告、相信并且行事，乃奉我的主和救主耶稣的奇妙圣名。阿们。

未完全释放？

完成以上七个步骤后，请你闭上眼睛，安坐几分钟。这时候你的思绪平静吗？大多数人都会感受到神的平安，思路也很清晰，只有很小比例的信徒不是这样，通常他们都知道，自己与神之间还有一些事情没有处理好。如果你相信自己已经全然对神诚实，已经尽力完成所有步骤，那么，你可以用下面的祷文求问神：

亲爱的天父，我真诚地渴望有你的同在，我求你让我知道，是什么東西拦阻我经历你的同在。求你带我回到生命中伤痛的时刻，向我显明我所相信的谎言。求你赐我悔改的心，从而引导我认识得自由的真理。我谦卑地祈求你医治我情感的伤痛。奉耶稣的名祷告。阿们。

如果没有新的事情浮现，就不要花时间去想你出了什么问题，因为你只需要负责处理你所知道的事情。你反而要竭力认清有关你的一些事实，也就是你在基督里的身分。有些基督徒确实感到自己得释放，但不到几天或几星期，他们又开始挣扎。神可能正向你显明更多你需要处理的往事，对于曾经严重受创的人，祂会一层一层逐步揭露，因为若一次过处理所有伤痛，有些人或许会受不了。然而，我们若在小事上忠心，神便会让我们处理更大的事。

下一页清楚说明了有关"你"的真理！

在基督里

我弃绝的谎言是：我被拒绝排斥，我不被爱，我是个可耻的人。在基督里我已被接纳。神说：

> 我是神的儿女。（约翰福音1:12）
>
> 我是基督的朋友。（约翰福音15:5）
>
> 我已被称为义。（罗马书5:1）
>
> 我已与主联合，与祂成为一灵。（哥林多前书6:17）
>
> 我是用重价买来的：我属于神。（哥林多前书6:19-20）
>
> 我是基督的身体其中一个肢体。（哥林多前书12:27）
>
> 我是圣徒，是圣洁的。（以弗所书1:1）
>
> 我已经得了神儿子的名分。（以弗所书1:5）
>
> 我靠着圣灵可以直接来到神面前。（以弗所书2:18）
>
> 我已得赎，罪过得赦免。（哥林多前书1:14）
>
> 我在基督里变得丰盛圆满。（歌罗西书2:10）

我弃绝的谎言是：我有罪、没受到保护、孤单、或遭遗弃。在基督里我有保障。神说：

> 我不被定罪了。（罗马书8:1、2）
>
> 我确信万事都互相效力。（罗马书8:28）
>
> 我不会受到控告。（罗马书8:31-34）
>
> 我不会与神的爱隔绝。（罗马书8:35-39）
>
> 我已被神坚固、膏抹，以及盖上印记。（哥林多后书1:21、22）
>
> 我深信神在我身上动了善工，也必会把它完成。（腓立比书1:6）
>
> 我是天国的国民。（腓立比书3:20）
>
> 我与基督一同藏在神里面。（歌罗西书3:3）
>
> 神赐给我的不是胆怯的灵，而是有能力、有爱心、有自律的灵。（提摩太后书1:7）
>
> 我能找到恩惠与怜悯作随时的帮助。（希伯来书4:16）
>
> 我是从神生的，那恶者无法害我。（约翰一书5:18）

我弃绝的谎言是：我没有价值、不够好、无助又无盼望。在基督里我是有价值的人。神说：

> 我是世上的盐，也是世上的光。（马太福音5:13、14）
>
> 我是耶稣的枝子，祂是真葡萄树，我是通向祂生命的管道。（约翰福音15:1、5）
>
> 我是被神拣选的人，并且被分派去结果子。（约翰福音15:16）
>
> 我靠圣灵的能力见证基督。（使徒行传1:8）
>
> 我是神的殿。（哥林多前书3:16）
>
> 我是使人与神和好的使者。（哥林多后书5:17-21）
>
> 我是与神同工的人。（哥林多后书6:1）
>
> 我与基督一同坐在天上。（以弗所书2:6）
>
> 我是神手中的工作，为了做美善的事而被造。（以弗所书2:10）
>
> 我可以放胆无惧、大有信心来到神面前。（以弗所书3:12）
>
> 我靠着赐力量给我的基督，凡事都能做。（腓立比书4:13）
>
> 我不是那位称为"我是自有永有"伟大的神，但是靠着神的恩典，我得以成为今天的我。
> （见出埃及记3:14；约翰福音8:24、25、58；哥林多前书15:10）

持守自由释放

经历在基督里的自由，实在令人振奋。然而，你既已得着释放，便必须努力持守。虽然你已经打赢了重要的一仗，但这场争战仍在进行；所以，你要持守在基督里的自由，并且在神的恩典里成长、作主的门徒，你必须继续以神的话语更新你的心思意念。如果你发现你相信了某些谎言，你要把它弃绝，并选择相信真理。如果再有痛苦的记忆浮现，你就要饶恕伤害了你的人，并且弃绝你有份犯的罪。很多人都选择独自再次进行《在基督里得自由的步骤》，以确保他们彻底解决了所有问题。因为新的问题经常会出现，这个过程可以帮助你定期进行"大扫除"。

完成《在基督里得自由的步骤》后，有人会这样想："我什么都没有改变"；"我还是跟从前一样"；"这方法不管用"。这种情况很普遍，大部分的情况你都可以不理，因为我们并不是蒙召去驱除黑暗，而是要带出光明。你若逐一斥责你的负面想法，也无法把它清除，你必须借着悔改以及选择真理，才能把它赶尽杀绝。

我在本书的《前言》已经鼓励过你，在进行《在基督里得自由的步骤》时，你要把一切显露出来的错误信念和谎言写下来，然后在接下来的四十天里，把你列出的事件全部读出来：我弃绝_____（你相信的谎言）；我宣告的真理是_____（基于神的话语，你选择相信、千真万确的事情）。

如果你还没有读过《胜过黑暗》（*Victory Over the Darkness*）和《击开捆锁》（*The Bondage Breaker*）这两本书，我鼓励你读读看，你也可以参加《在基督里得自由课程》。已经完成了《在基督里得自由的步骤》的信徒，可以使用专为他们撰写的二十一天灵修材料*Walking in Freedom*（君王出版社Regal，2008；书名意：行在自由中）。渴慕在神的恩典继续成长的信徒，还可以参考下列的建议：

1. 把家里所有涉及异端或神秘宗教的物品丢弃并且销毁（见使徒行传19:18-20）。
2. 加入一间以慈爱和恩典教导真理的教会，并且参加一个你能够坦诚地表达自己的小组。
3. 每天阅读并默想神的话语。
4. 不要让你的思想处于被动状态，要特别留意你从眼目和耳朵所接收的讯息（例如网站、音乐和电视节目），主动把你的心思意念夺回，使它都顺服基督。
5. 你要成为身体的好管家，保持身体健康，并且在休息、运动、均衡饮食这几方面，养成敬虔的生活方式。
6. 在接下来的四十天，每天做下面的祷告，也按需要加入其他的祷文。

每天的祷告和宣告

亲爱的天父，我赞美尊崇你，因你是我生命的主和救主。你掌管万有，感谢你一直与我同在，永远不会离开我，也不丢弃我。惟有你是全能、全知的神。你一切所行的都满有恩慈和爱。我爱你，并且感谢你，因我已经与耶稣联合，我的灵也活在祂里面。我选择不贪爱世界和世上的万事，并且把肉体和肉体的邪情私欲都钉死在十字架上。

感谢你，因为我在基督里已得着生命。求你用圣灵充满我，使我得着你的引导，就不放纵肉体的私欲。我宣告我完全仰赖你，并且要站稳，抵挡撒但和所有属它的谎言。无论我的感觉如何，我也选择相信神话语的真理。我不会灰心丧志，因你是神，一切盼望都在乎你，在你没有难成的事。我有信心，只要我依照你的话语而活，你便会供应我一切的需要。我感谢你，因有基督加给我力量，使我可以心满意足，能活出负责任的人生。

如今我要抵挡撒但，吩咐它和它所有的邪灵都一一离开我。

我选择穿戴神所赐的全副军装，让我可以站立得稳，抵挡魔鬼一切的诡计。我将身体当作圣洁的活祭献给你；我选择靠着你活泼的话语，更新我的心思意念，使我可以分辨你对我的旨意都是美好、是你所喜悦、也是纯全的。奉我的主和救主耶稣基督的名祷告。阿们。

睡前祷告

主啊，感谢你带我进入你的家，并在基督里赐给我各样天上属灵的福气。感谢你让我在睡眠中得着更新并重新得力。我领受它，作为做神儿女的一种福气；我也信靠你，在我睡眠时，你会守护我的身体和心思意念。正如我在白天会思想你和你的真理，我定意在睡觉时，让这些美好的意念继续留在我的心里。我把自己交托给你，求你保护我，抵挡撒但和它的鬼魔在我睡觉时的一切攻击，求你保守我不做恶梦。神啊，我弃绝所有的恐惧，也把每个忧虑都卸给你。我把自己交给你，以你为我的盘石、我的堡垒和我的坚固台。愿你的平安临到我这安息之所。奉主耶稣基督坚固的名祷告。阿们。

为家庭／寓所／房间赶逐邪灵祷告

移除或销毁所有与假宗教有关的物品后，要大声在每个房间这样祷告：

亲爱的天父，我确信你是天地的主。你以至高的主权和爱，把很多事情交托给我。感谢你让我住在这里。我要宣告，我的家是我和家人得着属灵保障的地方，求你保护我的家，脱离仇敌所有的攻击。我是神的儿女，已经与基督一同复活、一同坐在天上。因着这里的新旧住户（包括我和家人）所进行的活动，众邪灵得以占据这地方，我吩咐它们要全部要离开，永远不得回来。我弃绝鬼魔针对这里而做的一切工作。天父，求你差派圣洁的天使环绕这里，守护这个地方，仇敌出尽法子也不得进入，不能搅扰你对我和我一家的旨意。主啊，我奉主耶稣基督的名，感谢你成就这一切。阿们。

为非基督化居住环境祷告

你移除或销毁所有与假宗教有关的物品后，要大声在你居住的地方这样祷告：

天父，感谢你赐给我这个地方，使我可以安居、安睡并且从新得力。求你将我的房间（或房间的一部分）分别出来，使我在这地方得着属灵的平安。其他居住者若供奉假神或邪灵，我弃绝他们的忠心。新旧住户（包括我）在此进行的活动，令撒但声称拥有这房间（空间）我要弃绝它的宣称。我是神的儿女，与基督同为后嗣，祂拥有天上地下所有的权柄，基于这些位分，我吩咐所有邪灵离开这里，永远不得回来。天父，我住在这里的时候，求你差派圣洁的天使到这里来保护我。奉耶稣大能的名祷告。阿们。

附录A
弃绝撒但崇拜

撒但是这世界的神，撒但教的信徒秘密集会，进行不为人知的敬拜仪式。他们从半夜到早上三点聚集，一大群的鬼魔，正是在这时候被差去惊吓、欺骗以及消灭没有受保护的人。如果基督徒在凌晨三点忽然惊醒，又或感到恐惧得要命，他们只要按雅各书4:7的次序顺服神，然后抵挡魔鬼，就能立刻终止这种攻击。我们争战的兵器并不是属血气，所以任何有形的反击，都不能停止它的攻击。神知道我们的心怀意念，因此我们只要常常在心里顺服神，立时便会得解脱，并且可以求告主的名，然后定必得救。你只需要呼唤"耶稣"，但这也是你不得不呼求的名字！就是因为这个原因，你需要先顺服神。

有很多人曾经遭受撒但教仪式的虐待，至今仍然深受伤害。他们很可能会发展出不同的交替人格，来应对这种创伤。只是捆绑他们的并不是这创伤，而是他们因为这创伤而相信了的谎言。这些谎言已经深深植于心底，必须先把它弃绝，才能以真理使他们得自由。崇拜撒但的仪式冒充基督徒的敬拜，受害人可以用下面的祷告，弃绝撒但的谎言和工作，同时宣告基督徒真正的敬拜内涵，从而展开复原的过程：

我若曾把自己的拥有权交给撒但，我要弃绝这件事情。
我宣告我的名字如今已经写在羔羊的生命册上。（启示录3:5，20:15）

我弃绝任何曾经与撒但结婚的仪式。
我宣告我是基督的新妇。（以弗所书5:32；启示录19:7）

我弃绝我与撒但所立的一切契约。
我宣告我活在基督里，而且活在新约的恩典之下。（哥林多后书3:6）

我弃绝生命里撒但所有的安排，包括职务、婚姻和儿女。
我宣告要全心全意认识神的旨意，并且惟独遵行祂的旨意。（马太福音7:21-23）

我弃绝所有由撒但安排给我的指导灵体。
我只接受圣灵的引导。（约翰一书4:1-6）

我弃绝我在任何时候为撒但献上的血。
我相信只有主耶稣基督的宝血可以拯救我。（启示录1:5）

我若曾崇拜撒但时吃肉喝血，我要弃绝这些行为。
我只认同在圣餐所领受主耶稣基督的肉和血。（哥林多前书10:14-21）

我弃绝所有由撒但安排给我的守护者，以及崇拜撒但的父母。
我宣告神是我的天父，圣灵是我的保惠师，我有圣灵为印记。

我弃绝任何令我跟撒但扯上关系的洗礼仪式。
我宣告我已经受洗归入耶稣基督。（哥林多前书12:13）

我弃绝撒但为我所做的一切牺牲，然后它利用这些東西，宣称我属于它。
我宣告惟有基督的牺牲才能救我，我属于耶稣。

曾经遭受撒但教仪式残害的人，将会慢慢恢复记忆，这些记忆往往会有些需要弃绝的事，以及一些需要饶恕的人。如果你怀疑自己曾参与撒但教的活动，又或你有某些期间的记忆消失了，你可以运用这些弃绝的宣告，来确认问题的根源。

附录B
恳求他人的饶恕

耶稣说：所以，你在祭坛上献礼物的时候，若想起弟兄向你怀怨，就把礼物留在坛前，先去同弟兄和好，然后来献礼物。你同告你的对头还在路上，就赶紧与他和息（马太福音5：23-25上）。如果有人伤害了你，你就去跟神说，你不必找着冒犯你的人，然后才饶恕他们，很多情况都不适合这样做。你需要饶恕别人，这主要是你和神之间的事。但是，如果你冒犯了别人，你必须去找他们，请求他们原谅你，并且在需要时作出赔偿。下面是恳求他人饶恕的步骤：

1. 确认你做错了什么事，以及错在哪里。
2. 确保无论对方对你做了什么事，你都饶恕了他们。
3. 想清楚你要如何请求他们饶恕你。
4. 一定要说明你做错了什么事。
5. 清楚明确地承认是你做的。
6. 不要为自己找借口或为自己辩护。
7. 不要责怪任何人。
8. 不要期待对方会请求你饶恕，或为此而去请求对方饶恕。
9. 你认错后要带出这个直接的问题："你愿意饶恕我吗？"
10. 选择合适的地点和时间，而且愈快愈好。
11. 要当面请求饶恕。
12. 除非没有更好的选择，否则不要用写信的方式请求饶恕，因为对方可能会误解你的意思，又或有不相关的人看到这封信，甚至会在法院诉讼或在其他情况，产生对你不利的用途。

若是能行，总要尽力与众人和睦（罗马书12：18）。但是，这结果不是由你单方面决定。如果对方不愿意和好就无法达成。和好是两个人之间的事，它需要双方都同时愿意饶恕和悔改，因为人际关系的问题，很少会有一方是完全无辜。不过，如果你已经饶恕了对方，而且真诚地恳求他们的饶恕，你就已经完成了神对你所有的要求，你便能与神有和睦的关系。

修补破裂关系的祷告

亲爱的天父，我承认我得罪了我的邻舍（配偶、父母、儿女、亲戚、朋友、邻居或主里的弟兄姊妹），并愿意为此悔改。感谢你赦免了我的罪，我也要赦免他们对我所做的事，并且我选择往后也不会为此对付他们。求你祝福他们，使他们能够忍受我对他们犯罪所带来的影响。我犯罪带给他们的伤害，求你医治。我也同样为自己祷告，求你使我不受他们的罪所影响；又求你赐我恩典，使我能承受这罪的后果，不会心怀怨恨。求你医治我的伤口并且释放我，使我与我的邻舍、也使我和你能够和睦相交。奉耶稣的名祷告。阿们。

附录C
克服恐惧

恐惧是神所赐的自然反应，当我们的人身安全，或心理上的安全受到威胁，就会感到恐惧。恐惧总有一个对象，可能是某件事物，也可能是某个人，但它必须确实存在并拥有权势，人们认为它有某种能力可以压制我们，否则，这两种特性只要少了任何一种，也不能成为恐惧的对象。

所有恐惧几乎都离不开对死亡、对人以及对撒但的害怕。死亡可能在下一刻便来临，所以它仍算存在，但是，死亡已经没有任何权势可恃（见哥林多前书15:54-55）。一个信徒的身体虽然死了，他的灵魂依然活着，并且全然与神同在。所以，保罗写道，因为我活着就是基督，我死了就有益处（腓立比书1:21）。

在世的人可以威吓我们，但耶稣说：那杀身体、不能杀灵魂的，不要怕他们；惟有能把身体和灵魂都灭在地狱里的，正要怕他（马太福音10:28）。你们若是热心行善，有谁害你们呢？你们就是为义受苦，也是有福的。不要怕人的威吓，也不要惊慌；只要心里尊主基督为圣（彼得前书3:13-15）。

虽然撒但仍然如同一只肚饿的狮子四处咆哮，但是它的权势已被解除（歌罗西书2:15）。人们通常害怕撒但过于敬畏神，这样会把它高举为比神更强大的崇拜对象。敬畏神是智慧的开端。神无所不在、无所不能，祂才是我们首要的敬畏对象。这百姓说同谋背叛，你们不要说同谋背叛。他们所怕的，你们不要怕，也不要畏惧。但要尊万军之耶和华为圣，以他为你们所当怕的，所当畏惧的。他必作为圣所（以赛亚书8:12-14）。

勇敢不是不害怕，勇敢是选择凭信心生活，即使在你觉得害怕的对象面前，仍然坚持做正确的事情。每一个不合理的恐惧背后，都有一个谎言，我们必须加以识别。运用下面的祷告，求神向你显明你恐惧的本质是什么，并且揭露催生这些恐惧不合理的谎言。

亲爱的天父，我承认我让恐惧支配了我的生命。谢谢你赦免了我，我选择相信你赐给我的不是胆怯的灵，而是有能力、有爱心和自律的灵（提摩太后书1:7）。我弃绝胆怯的灵，它在我生命中工作。求你向我显明生命中一切控制着我的恐惧，以及它背后的谎言。我渴望靠圣灵的大能，凭信心按照你所说的真理生活。奉耶稣的名祷告。阿们。

— 害怕死亡

— 害怕永远不懂得爱别人，或永远不会被爱

— 害怕撒但

— 害怕尴尬

— 害怕失败

— 害怕受害

— 害怕被人拒绝

— 害怕婚姻

— 害怕不受到认可

— 害怕离婚

— 害怕成为同性恋者／是同性恋者

— 害怕自己会发疯

— 害怕财务困境

— 害怕痛苦／疾病

— 害怕永远不会结婚

— 害怕未来

— 害怕所爱的人去世

— 害怕冲突

— 害怕陷入无助的情况

— 害怕某些特定的人物（详列出来）：

_____

_____

_____

— 害怕失去救恩

— 害怕得不到神的爱

— 害怕犯了不可原谅的罪

— 刚想起其他具体的恐惧：

_____

_____

_____

主耶稣，我容让我对_____（说出你害怕的对象）的恐惧支配了我的生命。我相信了_____（说出谎言）。我弃绝所有不合理的恐惧和背后的谎言。我选择凭信心生活，并承认你是我生命中惟一真确的敬畏对象。奉耶稣的名祷告。阿们。

分析并以行动回应恐惧：

你什么时候首次体验到这种恐惧？在这之前发生了什么事？知道这些经历可以帮助你找出恐惧的根源。恐惧对好事和坏事都有强大的推动力。既然我们知道主是可畏的，所以劝人（哥林多后书5:11）。

恐惧如何影响你：

1. 它妨碍你负责任又正确地行事吗？
2. 它迫使你行事不当、不负责任吗？
3. 它有损你的见证吗？

分析过你的恐惧后，下一步就要制订一套计划，以负责任的行为面对恐惧。刚开始的时候，你只需要踏出一小步，邀请一位你信任的朋友协助你，这有助你走出第一步，不要计划做一些你办不到的事。你要先设定，自己面对害怕的对象时会有什么反应，最后，尽力实行你的计划，去做你害怕做的事，你的恐惧肯定会消失。全情投入是得医治的关键。

致胜攻略

如果你遵循下面的三个原则，就没有人能够拦阻你在神国里过得胜的生活：

1. 全心认识神和祂的道路。（约书亚记1:7-8）。
2. 按神造你的样式做人。（腓立比书3:12-14）
3. 好好管理神托付给你的时间、才干和钱财。（哥林多前书4:1-2）

注：阅读英文书籍*Freedom From Fear*（出版：Harvest House Publishers，1999；书名意：从惧怕中得释放）有助你理解这课题。

附录D
克服焦虑

焦虑和恐惧不一样，焦虑没有特定的对象。人们焦虑是因为对结果没把握，又或不知道明天会发生什么事。我们关心我们认为有价值的事，这很正常；如果我们不关心，这表示我们并不在乎。不过，有些人经常出现强烈的焦虑感，跟他们面对的实际问题不成比例。圣经劝勉我们，要将一切的忧虑卸给神（彼得前书5:7）。

圣经中"忧虑"一词的字根有"心怀二意"、"分心"的意思，而祷告就是使我们一心一意的第一步。应当一无挂虑，只要凡事借着祷告、祈求，和感谢，将你们所要的告诉神（腓立比书4:6）。用下面的祷告，求神引导你以这些步骤来克服你的焦虑：

> 亲爱的天父，我是你的儿女，是你用主耶稣基督的宝血买赎回来的。我完全依靠你，并且需要你，因为我知道，离了耶稣我什么都不能做。你由始至终都知道我的思想和心里的计划，也知道我的境况。我觉得自己似乎心怀二意，我需要你的平安来保守我的心怀意念。我在你面前谦卑自己，并且选择信靠你，在适当的时候，你会以你的方式把我高举。我信靠你，会照你荣耀的丰富，在基督耶稣里，使我一切所需用的都充足，并且引导我进入一切的真理。求你引导我，使我能靠着圣灵的大能、凭信心过负责任的生活，完成你对我的呼召。神啊，求你鉴察我，知道我的心思，试炼我，知道我的意念，看在我里面有什么恶行没有，引导我走永生的道路（诗篇139:23-24）。奉耶稣宝贵的名祷告。阿们。

解决一切个人与属灵的争战

《在基督里得自由的步骤》之目的是要帮助你顺服神（透过悔改和信心）并且抵挡魔鬼。这样你就能经历神所赐、出人意外的平安，必在基督耶稣里保守你的心怀意念（腓立比书4:7）。悔改是指心思意念的改变。忧虑的人总是被思虑烦扰。圣灵明说，在后来的时候，必有人离弃真道，听从那引诱人的邪灵和鬼魔的道理（提摩太前书4:1）。因此，抵挡魔鬼并穿上神的全副军装，对我们而言是当务之急。你只要对那欺哄的灵稍加注意，你便会分心，成为心怀二意的人。

指出问题所在

能够好好说明问题出在哪里，就已经把问题解决了一半。处于焦虑状态的人，只见树木，不见森林。因此，我们要开始从这个角度看问题：这事情有永恒的价值吗？过于忧虑对人造成的害处，往往比他担心的恶果为害更大。

分开事实和假设

真实的事情令人感到恐惧，而不是焦虑。当我们不知道将要发生什么事，往往会自行假设，通常也会做最坏的打算。按照这种假设去采取行动，我们鲜能获益。

确定你的权力或能力范围

你只需为你有权力和有能力控制的事情负责，在你的权力和能力范围以外的事，你无需负责任。你的价值感只会跟你负责的事情挂钩。如果你过着不负责任的生活，你应该感到焦虑！不要妄图把你的责任推给耶稣，祂会丢回给你。然而你要把忧虑卸给耶稣，只要你活出负责又正直的人生，祂便会按祂的诚实和正直，使你的需用充足（马太福音6:19-33）。

履行属于你的责任

列出在你的责任范围内，你力所能及的每一件事，然后尽心尽力把它办妥（以赛亚书32:17）。

把余下的责任交给神

除此以外，剩下来你惟一要做的就是祷告，并且要把焦点对准腓立比书4:6-8的真理。如果你还感到忧虑，这可能是因为你承担了一些神从来没有让你负责的事。

Printed in the USA
CPSIA information can be obtained
at www.ICGtesting.com
LVHW061340020923
756760LV00060BA/999